The Canticles of the Maya

W. Blaine Wheeler

Chetumal, Yucatan

For my friends, the dark-haired ones,

whom I deeply admire

Acknowledgements

I cannot thank enough the many Maya who graciously assisted me for three years as I learned their language and culture.

I thank especially Guadalupe who truly exhibits the lovely qualities of a Maya.

Níib óolal!

Without the constant support of my wife, Nadia, I could not have completed these Canticles.

The Canticles of the Maya

Prologue

Small-statured proud people of the
        coastal jungle
Finding hope and knowing good
        and seeing joy
        and learning wisdom
Through those gods in their now and
        ever lives.

        Iguana
        Monkey
        Jaguar
        Turtle

And building forevers in

        Chichén - Itzá
        Tulum
        Cobá
        Uxmal

These dark-haired ones saw the sun
        And the stars
Which gave them nows beyond telling

The Wise Ones of these found Time
        and measured
        and told
        and ordered
        Time
From and beyond all nows.

Songs of children and lullabies of mothers
        mingled with chants of fathers,
And the hopeful sighs of lovers
        were always heard.

Above all and through all and for all
        arose
The thunderous hymns of the
        Sun-faced One.

The First Canticle

Songs of Children

I sit in the sun as the iguana
Waiting for its warmth
      early in the morning
longing for movement and food.

I lie in the shade of the palm tree
Listening to the cooling breeze
      hoping for more
Until I am rested from the heat.

I go with longing to the cenote
For cooling relief from thirst
      being careful not to foul the water
And thankful to our gods for this gift.

I sleep safe at night in our house
Hearing the happy sounds of the frogs
      near the good cenote
Knowing in my heart of a good day.

Lullabies of Mothers

Joy of my life
Gift from the gods
Sleep long and well
My little heart.

Eat our harvest.
Grow strong,
Be wise.
Eat our harvest

Be aware of the snake.
Know the spider.
Hear the jaguar.
Run from evil.

Honor your parents.
Love your sisters.
Help your brothers.
Fear the gods.

Chants of the Fathers

Do not become tired of the work
      you must do
      every day
F or your wife and your children.

Forget the heat.
Think of your family.
Find strength
And joy and love.

Remember your home
And your children
And the mother of your children
And the gods.

Sighs of Lovers

I cannot remove your
      glistening image
      of the early morning
From my fevered mind.

Your caresses and movements
      feed my body
      more than
Cool coconut milk.

Without you and your love,
      darkness would be
      my only companion
I would ever know.

The Second Canticle

The land of the dark-haired small ones
        was wide
        and quiet
        and peaceable.

Great buildings from great
Labor and love came to be
        everywhere in the land
Lauding rulers and gods.

The land, hard but fruitful,
Provided all that was needed
        for the ones
        blessed to live there.

The sea, deep and wide, gave
The trusting dark-haired ones
        food and visitors.

The sky, known only to the
        very wise
Gave water, wind, and sun.

The land of the dark-haired small ones
        was good
        and theirs.

The Third Canticle

Far away and yet
Frighteningly near
      voices were heard
      faint but
Strong
Echoing among the
      temples and trees.
Voices raised by the wise ones
      telling again and again
to the dark-haired small ones
that Light and Truth
      must be
Sent forth.

The Fourth Canticle

Darkness must never come
        among you;
        dear dark-haired ones
        you must always resist
That coming.

Hold to what you know
From the Wise ones
        and fight
        all that speaks
        of Darkness!

Know that the now may
Come
When only Darkness rules.
This comes slowly and without
        signs
Unless you listen and see
        unblemished.

Keep Light before you
In all your
        deeds
And in all your
        dreams.

The Fifth Canticle

To suffer from false choices
   is a suffering
   from lack of wisdom
And never gifts from the gods
   as some unwise ones
   say without knowing
What is beyond our knowing.

Make and drink the wine
   of Astonishment
So that each day filled
With your choices
   are good
   not false.

Be delivered from all
   doubts
Which bring only
   fears
And quench visions of good
   for your tomorrows.

The Sixth Canticle

The Wise Ones must soon speak
    great truths
To you dark-haired ones
Who have never
    seen well
What will come
    in a fury.

The peace of your good land
Will cease
And the cries of your children
    for you
Will destroy all hearts.

Brought hard down to good
Earth
Will be your
    pomp
and your
    deeds
and your
    dreams.

The Seventh Canticle

From the highest to the lowest
        among you
Will come days and nights
of endless judgments
Bringing bitter sorrows.

The Wise Ones will declare
        hollow words
        hoping you will accept
These sufferings
        as a sign
That the gods are allowing
        these devastations
        for your good.

Dark-haired ones hear now.
You will have
Great vexations of spirit
Which cannot be
        avoided
In your now.

The Eighth Canticle

Some among you will believe
That one day
       all will return as before
       these endings.

It will never be so.
Gone will be your
       homes and temples.
It will never be so.

No more songs or lullabies.
No more chants or sighs.
Gone never to return
       In your now

Those who believe otherwise
Live without hope
In the valley
       of their Delusions.

How can you return
To what is gone
And cannot be redone
       in this now of endings?

The Ninth Canticle

Those who will strive to tell
     cunningly
That what you dark-haired ones
     See
That what you dark-haired ones
     Hear
That what you dark-haired ones
     Feel.
Will in time pass
     and peace will return
Are wrong.

They vex you dark-haired ones
with their evil wiles
     as they speak
     Untruths.

Nothing that you know will return.
Nothing that was remains nothing.
There is no return
     to what was
     before Nothing.

The Tenth Canticle

Can you choose not to be what is
       and escape what is
       before what is
Finds and destroys you?

From where you are there can
       be no hope
       and no return.

All that was is gone never
       to be again
       here or
       there or
       anywhere.

You dark-haired ones have not chosen
       this not being
For it is beyond even
       your Wise Ones
       and your gods.

This Now is.

The Eleventh Canticle

You ask us to sing our songs of joy
       in this darkness
Knowing that we cannot
       hold back
       this darkness
       which comes to us
Whether we sing praises
While we have our being
Or whether
       we shriek in agony
       while we lose our being
To this end of all we have
       and know.

How can we live in this
Endness
And sing while hoping we
Can live another day
With hunger holding us
       to its barest bosom?

The Twelfth Canticle

The Wise Ones spoke to the dark-haired ones
Of a distant
       Vision
offering hope for those to come
But nothing yet.

This hope does not yet dwell here
Among the most needy;
Nor will it appear until
All is gone
       and lost
       and dead.

The Wise Ones saw this hope
       coming from the death
       of another One.
And they saw this hope
       coming after the death
       of many dark-haired ones.

The Wise Ones, weak from visions,
       spoke faintly
       of a Power
       which will answer
       before the dark-haired ones
Call.

The Thirteenth Canticle

In their end need when nothing
        was left
And all they had were fading
        memories
        as they died
        torn their land
        and their loved ones,
A few dark-haired ones knew
That a now would be
        when as they are still
        speaking
the One
        will hear them.

But not in this now.
But not in this now.

No hearing in their pain
Or in their destruction
        no hearing.

No hearing in this now.

The Fourteenth Canticle

Can anyone remember
Does anyone know
When our lives were filled
      with laughter
      with love
      with work
      with joy?

Is it possible our days
Are gone
Never to return
As they were?

Why do these hopeless thoughts
Haunt and taunt us
While we struggle not to die
      nor to see
      our loved ones
      tortured?

We hear the Wise Ones speak
      of One
Who is before all nows were.
But this One is not
      with us
      in our horrible now.

The Fifteenth Canticle

Where is good for us
      when all we see
Is evil?
Our children cry for their
Dead mothers and fathers.
Our mothers and fathers seek
      In vain
For their dead children.

Nothing in our now
      is good.

The Wise Ones speak darkly
Of a seething pot
      where the dark-haired ones
      are thrown
By the evil ones.

Can anyone keep us from
This evil?
Why have we been forsaken
      when we never
      chose this end
      of our now?

The Sixteenth Canticle

From the entrance to the east side
       of the valley
Shines Hope as a thousand
       reflections
Of stars in the cenote at night
       blinding
       the Evil One
Until it screeches deathly sounds
       of defeat.

How we the dark-haired ones
       long
With all we are
That the bright thousand-faced One
       had been among
       us
Before our destruction
When we would have built
       the grandest temple
       for this One
of a thousand reflections.

The Seventeenth Canticle

Being the Last Canticles of the Sun-faced One

I

Because you have known
      Me,
I am a Stranger residing among you
Waiting
      for the least among you
To see and know
      Me.

I will wait for you until I
Know
My now has come
When I will dwell
      among you
Close as your every breath
Knowing your every thought
Receiving your every prayer
Granting your every desire
      after
You have received Me your Stranger.

II

The Sun-faced One has known
       that there would be a now
       when a Stranger coming
       from a far land
       would dwell among his
Dark-haired proud ones.

Hard would be the days and nights
       for his people
Before the all-nows Stranger would
Come to his people;
And unable to tell his little dark-haired ones
       of the ever-now Stranger,
the Sun-faced One shone more
       brightly
Hoping the Wise Ones of his people
Would see
And know
And tell of
       The Stranger
       who would come
       from a far land
To keep forever his people.

But none could
       and
The Stranger waited.

III

The gods of the land failed the dark-haired ones
Who hoped
The gods would save them
     from destruction.

Nows folded into layers
     and fully opened
Were not enough to keep at bay
     what the gods
     could not know.

Now forward told could never be
     the same as
Now backward known.

Until all nows ended and then
Changed
To begin again was all that
     could be known
As the gods failed and
     no Hope
Could be saved by
     now past or
     now present or
     now beyond.

IV

The Sun-faced One spoke and few
        heard him
        as he told
Of a now
When strangers coming to the land
        where the dark-haired ones
        live
Will think nothing of destroying
All they see
        in raging jealousy.

The now comes.

Daughters and wives will be ravaged
As they scream for their
        fathers and husbands
Who are being mutilated and killed
        as they hear the terrible cries
        of their daughters and wives.

The Sun-faced One spoke
        these sad words.

The now comes.

V

Hear more, my beloved dark-haired ones,
  and fear strangers
  from a far land
Who will kill you with joy
  and wish for more
  of you to end
  your now here.

Whoever ends your happy living
Will be filled with joy;
  for these strangers
  from a far land
Will surely be glad for your suffering.

Whoever among these strangers
Kills you
Will believe they have pleased both
  their god and ruler.

They know nothing of your lives
  and will end
  your lives
  in their pleasure.

VI

Your Sun-faced One speaks again
   to you
   who can hear
These now-layered words of
   death coming.

Your nows beyond telling will
   end in this now
   in this measure
As they fold into our now measured
   forward
For others to remember and tell again.

These strangers who will remove you
   from this now
Will believe there is another now
   created beyond this now.
They bury their hearts in their
   far now.

They believe what they do to you
Divides their beyond now
   into Good and Evil.

VII

When you come, beloved dark-haired ones,
       to the now
       of destruction,
Know that those strangers will believe,
       though they do not know
       our now beyond,
They do a service to their god
In destroying you.

I see for you in all your nows
       of measured Time
One who is before Now was.
This One is also a stranger
       from a far land
Who comes for your heart
       not your life.

This One gives and does not take
       joy and love
       in our nows
And in nows beyond our ordered Time
If you can find
       this Stranger.

VIII

The Sun-faced One spoke again to his
      dark-haired ones
As he faced his end in all of the nows
Knowing
He must tell his dark-haired ones
      of a now
        before nows were
When the Stranger was
      and cannot not be.

The Sun-faced One could see what
      the created ones
      could never see,
But He knew he could not tell
      the untellable of
      the beyond all nows
Of One who always was and is
      and will be
Among his dark-haired ones
And Who answers
      before they call.

IX

Knowing little more to tell his
      dark-haired ones
And growing weak with no strength
      left or to find,
The once mighty Sun-faced One
Summoned
      from all nows
      courage to face
      his end
And one last great breath
      to tell
      of his
Measured Time
So that his beloved dark-haired ones
      would be able
      to hear
      to see
      to choose
The One of all nows
Who would hear them
While they were still speaking.

And it is into all nows.

X

Before the told nows of the dark-haired ones
And during all their ordered nows,
      and before their now
      ceased,
Above all and through all and for all
      rose
      the thunderous hymns of
      the Sun-faced One.

Before the Now of no Time was
      I am
      He.

The Stranger from a far land
      was
      is
      will be
Beyond all nows for you,
My dark-haired ones.

Before our telling was
He is.
Before all Nows of all Times
He is.

Epilogue

The Stranger from a far land
      who is all Nows
Will keep you.
You must
      seek Him
And not
      fear Him.

Hear from your Sun-faced One
      the last hymn
      of his now.

Without the Stranger who is
      beyond all Nows
Your life will hang in doubt;
You will fear night;
You will have no assurance of your life;
You will have a trembling heart;
You will have sorrow of mind.

Before the day was
He is.

Los Cánticos de los Mayas

W. Blaine Wheeler

Chetumal. Yucatan

Para mis amigos, aquellos de cabello oscuro,

los cuales admiro profundamente.

Reconocimientos

No puedo agradecer lo suficiente a los muchos
Mayas que cortésmente me ayudaron durante tres
anos en los cuales aprendi su idioma y cultura.

Agradezco a Guadalupe qui en realmente exhibe
todas las cualidades encantadoras de una maya.

Níiboolal!

Al apoyo constante de mi esposa, Nadia, sin el cual
no hubiese podido completar estos Cánticos.

Los Canticos de los Mayas

Prólogo

Gente orgullosa de baja estatura de la
      selva costera.
Encontrando esperanza y conocimiento del bien
      y viendo alegría
      y aprendiendo sabiduria
A través de esos dioses en sus vidas de ahora y
      de siempre.

      Iguana
      Mono
      Jaguar
      Tortuga

Y construyendo para la eternidad en

      Chichen - Itza
      Tulum
      Coba
      Uxmal

Estos de cabello oscuro vieron el sol
y las estrellas
alas cuales les dieron el presente más allá de la narración

Los Sabíos de estos encontraron el Tiempo
      y lo midieron
      y dijeron
      y ordenaron el Tiempo
Desde y más allá de to do presente.

Canciones de niñas y arrullos de madres
      mezclado con los cantos de los padres
Y los suspiros esperanzados de amantes
      fueron siempre oídos.

Sobre todo y a través de todo y para todos
      surgleron
Los himnos estruendosos del
      Cara de Sol

El Primer Cántico

Canciones de Niños

Me siento en el sol como la iguana
Esperando por su calor moderado
      temprano por la ma mañana
Anhelando movimiento y comida.

Me quedo en la sombra del árbol de palma
Escuchando la brisa refrescante
      esperando por mas
Hasta que descanse del calor.

Voy con anhelo al cenote
Para el alivío refrescante de la sed
      siendo cuidadoso de no contaminar el ague
Y dar gracias a nuestros dioses por este regalo.

Duermo seguro por la noche en nuestra casa
Oyendo los sonidos felices de las ranas
      cerca del buen cenote
Sabiendo en mi corazón de un dia bueno.

Arrullos de Madres

Alegría de mi vida
Regalo de los dioses
Duerme mucho tiempo y bien
Mi corazón pequeño.

Come de nuestra cosecha.
Crece fuerte,
Sé sabio.
Come de nuestra cosecha.

Estate consciente de la serpiente.
Conoce la araña.
Oye el jaguar.
Corre del malvado.

Honra a tus padres.
Ama a tus hermanas.
Ayuda a tus hermanos.
Teme a los dioses.

Canticos de los Padres

No te canses del trabajo
    que debes realizar
    todos los dias
Para tu esposa y tus hijos.

Olvida el calor.
Piensa en tu familia.
Encuentra la fuerza,
La alegria y amor.

Recuerda tu hogar
Y a tus hijos
Y a la madre de tus hijos
Y a los dioses.

Suspiros de Amantes

No puedo borrar tu
     imagen reluciente
     de la madrugada
De mi mente febril

Tus caricias y movimientos
     alimentando mi cuerpo
     más que
Leche fresca de coco

Sin ti y sin tu amor,
     la oscuridad sería
     mi unica compañera
Que hubiese conocido

El Segundo Cántico

La tierra de los pequefios de cabello oscuro
  era ancha
  y callada
  y pacifica.

Grandes construcciones de grandeza
Trabajo y amor vinieron a estar
   presentes por todas partes en la tierra
Elogiando a gobernantes y a dioses.

La tierra, dura pero fructifera,
Proporciono todo lo que era necesario
  para aquellos
  bendecidos en vivir alIi.

El mar, profundo y extenso, dio
A los confiados de cabello oscuro
  comida y visitantes.

El cielo, conocído solo par
  los muy sabíos
Dio agua, viento y sol.

La tierra de los pequeños de cabello oscuro
  era buena
  de ellos.

El Tercer Cántico

Lejanas y
Cercanas voces
      aterradoras todavia fueron
      oidas debilmente pero
Con fuerte eco entre los
      templos y árboles.
Voces elevadas por los sabios
      diciendo de nuevo y de nuevo
      a los pequeños de cabello oscuro
que la Luz y la Verdad
      deben estar
Siempre por delante.

El Cuarto Cántico

La oscuridad nunca debe venir
      entre vosotros;
      queridos de cabello oscuro
      siempre debéis resistiros
A que ella llegue.

¡Mantened lo que sabeis de los Sabios
      y luchad
      contra to do aquello que hable
      de Oscuridad!

Sabed que ahora puede
Venir
Cuando solo existan reglas de Oscuridad.
Ella viene despacio y sin
      señales
A menos que escucheis y veáis
      inmaculadamente.

Mantened Ia Luz ante vosotros
En todos vuestros
      hechos
y en todos vuestros
      sueños.

El Quinto Cántico

Padecer de falsas opciones
    es un sufrimiento
    de falta de sabiduría
Y nunca regalos de los dioses
    como algunos imprudentes
    dicen sin saber
Lo que esta más allá de nuestro conocimiento.

Haced y bebed el vino
    del Asombro
Para que cada dia llenado
Con sus opciones
    sea bueno
    y no falso.

Deshaceos de todas
    las dudas
Las cuales solo traen
    miedos
Y apagad las visiones de lo bueno
    para vuestros mañanas.

El Sexto Cántico

Los Sabios deb en hablaros pronto
A vosotros de cabello oscuro,
      las grandes verdades,
Quienes nunca
      han visto bien
Lo que vendrá
      con furia.

La paz de vuestra buena tierra
Cesará
Y los lamentos de vuestros hijos
      en vosotros
Destruirán todos los corazones.

Fuertemente disminuido a buena
Tierra
Será vuestra
      pompa
Y vuestros
      actos
Y vuestros
    sueños.

El Septimo Cántico

Desde lo mas alto a lo mas bajo
            entre vosotros
Vendran dias y noches
de juicios interminables
Trayendo penas amargas.

Los Sabios declararan
            palabras vacías
              esperando que vosotros aceptéis
Estos sufrimientos
            como una señal
De que los dioses estan permitiendo
             estas devastaciones
             para vuestro bien.

Los de cabello oscuro ahora escucharán
Vosotros tendréis
Grandes contrariedades de espíritu
Las cuales no podrán ser
             evitadas
En vuestro ahora.

El Octavo Cántico

Algunos entre vosotros creeréis
Que un día
      todo volverá a ser como antes
      de estos finales.

Nunca será así.
Se habrán ido vuestras
      casas y templos.
Nunca será así.

No más canciones o arrullos.
No más cantos o suspiros.
Lo ido nunca regresa
      en vuestro ahora.

Aquellos que creen por otra parte
Vivir sin esperanza
En el valle
      de sus Engaños.

¿Como podreis retornar
a lo que se ha ido
y no puede ser rehecho
      en este ahora de finales?

El Noveno Cántico

Aquellos que se esforzanin por decir
     habilmente
Que eso que vosotros de cabello oscuro
     Estáis viendo
Que eso que vosotros de cabello oscuro
     Estáis oyendo
Que eso que vosotros de cabello oscuro
     Estáis sintiendo
Pasara con e1 tiempo
        y 1a paz retornará,
Están equivocados.

Ellos a vosotros de cabello oscuro os afligieron
con sus artimañas diabólicas
        cuando hablan
        falsedades.

Nada que vosotros sepáis volverá.
Nada de lo que seguia es nada.
No hay ningun retorno
        A lo que era
        antes de Nada.

El Decimo Cántico

¿Podeis vosotros escoger no ser lo que es
     y escapar de lo que es
     antes de que os
Halle y os destruya?

Desde donde alli estáis puede
     no existir esperanza
     ni ningun retorno.

Todo lo que se ha ido nunca
     estará de nuevo
     aquí o
     allí o
     en ninguna parte.

Vosotros de cabello oscuro no habeis escogido
     ese no ser
Para el más allá hasta
     vuestros Sabios
     y vuestros dioses.

Esto es Ahora.

El Undécimo Cántico

Vosatros nos pedis que cantemos nuestras canciones de alegría
      en esta oscuridad
Sabiendo que nosotros no podemos
      detener
      esta oscuridad
      que viene a nosotros
Si nosotros cantamos alabanzas
Mientras tenemos nuestro ser
O si
      gritamos en agonía
      mientras perdemos a nuestro ser
Por el cual todos tenemos
      y conocemos.

¿Como podemos vivir en estos
Interminable
Y cantar mientras esperamos
Poder vivir otro dia
Con hambre sosteniendonos
      a su desnudo seno?

El Duodecimo Cántico

Los Sabios hablaron a los de cabello oscuro
De una distante
        vision
ofreciendo esperanza para aquellos a venir
Pero nada todavia.

Esta esperanza no mora aqui todavia
Entre el mas necesitado;
Ni aparecera hasta
Que se haya ido
        y perdido
        y muerto.

Los Sabios vieron esta esperanza
        viniendo de la muerte
        de otro.
Y vieron esta esperanza
        viniendo despues de la muerte
        de muchos de cabello oscuro.

Los Sabios, debiles de visiones,
        hablaron debilmente
        de un Poder
        el cual respondera
        delante de que los de cabello oscuro
Llamad.

El Decimotercer Cantico

Al final de sus necesidades cuando nada
        quedaba
Y todos ellos estaban marchitando
        los recuerdos
        como si muriesen
        rasgados de su tierra
        y de sus amados,
Unos pocos cabellos oscuros supieron
Que un ahora seria
        como si ellos continuasen
        hablando
el Uno
        los oira.

Pero no en este ahora.
Pero no en este ahora.

Ningun oido en sus dolores
O en sus destrucciones
        ningun oido.

Ningun oido en este ahora.

El Decimocuarto Cántico

¿Puede alguien recordar,
Alguien sabe
Cuando nuestras vidas fueron llenadas
      con risa
      con amor
      con trabajo
      con alegría?

¿Es posible que nuestros días
Que se han ido
Nunca vuelvan
Como eran antes?

¿Por que estos pensamientos desesperados
Nos atormentan y nos insultan
Mientras nos esforzamos en no morimos
      ni a ver
      a nuestros amados
      torturados?

Oímos a los Sabios hablar
      de Uno
Quien está antes de que todos los ahoras fuesen.
Pero ese Uno no está
      con nosotros
      en nuestro horrible ahora.

El Decimoquinto Cántico

¿Donde esta lo bueno para nosotros
        cuando todos nosotros vemos
Que es diabólico?
Nuestros hijos lloran por sus
Madres y padres muertos.
Nuestras madres y padres buscan
        en vano
Por sus hijos muertos.

Nada en nuestro ahora es bueno.
Los Sabiós hablan oscuramente
De una olla hirviendo
        donde los de cabello oscuro
        son lanzados
Por los diabólicos.

¿Puede alguien protegemos de
Este mal?
¿Por que hemos sido abandonados
        cuando nunca
        hemos escogido este fin
        de nuestro ahora?

El Decimosexto Cantico

Desde la entrada dellado este
       del valle
Brilla la esperanza como mil
       reflejos
De estrellas en la noche en el cenote
       deslumbrando
       al Diabolico
Hasta que chillan los sonidos mortales
       de derrota.

Como nosotros los de cabello oscuro
       deseando
Estar como estabamos
Que el Uno enfrentado a mil destellos
       ha estado entre
       nosotros
Antes de nuestra destruccion
Cuando habriamos construido
       el mas grandioso templo
       para Este
de mil reflejos.

El Decimoseptimo Cantico

Siendo los Ultimos Canticos del Cara de Sol

I

Porque vosotros me habeis
      Conocido,
Yo soy un Extrano residiendo entre vosotros
Esperando
      entre el menor de vosotros
Para que me yea
      Y me conozca

Esperare por vosotros hasta que
Sepa
Mi ahara ha llegado
Cuando morare
      entre vosotros
Cercano como cada respiracion vuestra
Conociendo cada pensamiento vuestro
Recibiendo cada oracion vuestra
Concediendo cada deseo vuestro
      despues de
Haberme recibido a Mi vuestro Extrano.

II

Cara de Sol ha sabido
     que habría un ahora
     cuando un Extraño viniendo
     de una tierra lejana
     moraría entre sus
Orgullosos de cabellos oscuros.

Difíciles serían los días y noches
      para su gente
Antes de que el Extraño llegase
A su pueblo;
E incapaz para decirles a sus pequeños de cabellos
oscuros
     del Extraño,
Cara de Sol se lustró con mas
     brillo
Esperando que los Sabios de su gente
Vieran
Y supiesen
Y dijesen
     del Extraño
     que vendría
     de una tierra lejana
Para reprimir a su gente para siempre.

Pero ninguno pudo
     y
El Extraño esperó.

III

Los dioses de la tierra fallaron a los de cabello oscuro
Quienes esperaron
Que los dioses los salvaran
        de la destrucción.

Ahoras plegadas en capas
        y totalmente abiertas
No eran suficientes para contener
        lo que los dioses
        no podrían saber.

Ahora hacia adelante dijo que nunca podria ser
        lo mismo que
El ahora conocido anteriorrnente.

Hasta que todos los ahoras acabaran y luego
Cambiaran
Comenzar de nuevo era todo o que
        podría conocerse
Cuando los dioses fallaron y
        ninguna Esperanza
Podría salvarse par el
        ahora pasado o el
        ahora presente o el
        ahara del más allá.

IV

Cara de Sol habló y pocos
          lo escucharon
          cuando dijo
De un ahora
Cuando los extraños viniendo a la tierra
          adonde los de cabellos oscuros
          habitan
Pensarán en nada de destruccion
De todo lo que ellos yen
          en celos rabiosos.

El ahora viene.

Se asolarán hijas y esposas
Cuando griten por sus
          padres y maridos
Quienes estan siendo mutilados y asesinados
          cuando ellas oyen los lamentos terrible
          de sus hijas y esposas.

Cara de Sol habló
          estas palabras tristes.

El ahora viene.

V

Oíd más, mis queridos de cabellos oscuros
    y temed a los extraños
    de una tierra lejana
Quienes os matarán con alegría
    y desearán más
    de vosotros para acabar
    aquí vuestro ahora.

Quienquiera que acabe vuestro vivir feliz
Se llenará de alegría;
      para estos extraños
    de una tierra lejana
Se alegrarán ciertamente por vuestro sufrimiento

Quienquiera entre estos extraños
Que os mate
Creen que ellos han agradado a ambos,
    a su dios y a su gobernante.

Ellos no conocen nada de vuestras vidas
    y acabarán
    vuestras vidas
    en su placer.

VI

Vuestro dios Cara de Solos habla
   de nuevo
   quienes puedan oír
Estas palabras superpuestas de ahora
   de la muerte viniendo.

Vuestros ahoras más allá de lo dicho acabara
   en este ahora
   en esta medida
Como ellos se doblan en nuestro ahora medido
   hacia adelante
Para otros recordar y volverlo a decir.

Estos extraños quienes te quitaran
   de este ahara
Creerán que existe otro ahora
   creado más allá de este ahora
Ellos entierran sus corazones en su
   ahora lejano.

Ellos creen que lo que os hacen
Divide su ahora del más allá
   en Bueno y Malo.

VII

Cuando vosotros venis, queridos de cabellos oscuros,
    al ahora
    de destruccion,
Sabed que esos extraños creerán,
    aunque ellos no saben
    nuestro ahora del más allá,
Que ellos hacen un servicio a su dios
Al destruiros.

Veo por vosotros en todos nuestros ahoras
    de Tiempo medido
Uno que está antes del Ahora que fue.
Este tambien es un extraño
    de una tierra Iejana
Quien viene por vuestro corazon
    no por vuestra vida.

Éste da y no toma
    la alegría y amor
    en nuestros ahoras
Y en Ios ahoras más allá de nuestro Tiempo ordenado
Si podéis encontrar
    a este Extraño.

VIII

Cara de Sol habló de nuevo a los suyos
       de cabellos oscuros
Cuando el enfrento su fin en todos los ahoras
Sabiendo
Que él debe decides a los suyos de cabellos oscuros
       de un ahora
        antes de que los ahoras fuesen
Cuando el Extraño era
       y no puede ser.

Cara de Sol podría ver eso que
       los creados
       nunca podrían ver,
Pero Él supo que no podría decir
       lo incontable del
Más allá de todos los ahoras
       de Uno que siempre era y es
       y será
Entre sus cabellos oscuros
Y Quien contesta
       antes que ellos llamen.

IX

Conociendo un poco más para decides a los suyos
      de cabellos oscuros
y creciendo débil sin fuerza
      perdida o par encontrar,
      el una vez violento Cara de Sol
Evocado
      de todos los ahoras
      tuvo valor para enfrentar
      su fin
Y tener una ultima gran respiración
      para hablar
      de su
Tiempo Medido
Para que sus queridos de cabellos oscuros
      pudiesen ser capaces
      de oir
      de ver
      y de escoger
El Uno de todos los ahoras
Quien los oiría
Mientras ellos todavía estaban hablando.

Y esta en todos los aharas.

X

Antes de los ahoras dichos de los de cabellos oscuros
Y durante todos sus ahoras ordenados,
      y antes de su ahora
      cesado,
Sobre todos y a través de todos y para toda
      rosa
      los himnos estruendosos de
      Cara de Sol.

Antes del Ahora de ningun Tiempo era
      Yo soy
      El.

El Extraño de una tierra lejana
      era
      es
      será
Más allá de todos los ahoras para vosotros,
Los míos de cabellos oscuros.

Antes de que nuestra narracíon fuera
El es.
Ante todos los Ahoras de todos los Tiempos
Él es.

Epílogo

El Extraño de una tierra lejana
      quien es todos los Ahoras
Os guardará.
Vosotros debéis
      buscarle
Y no
      temerle.

Oid de vuestro Cara de Sol
      el último himno
      de su ahora.

Sin el Extraño que es
      del más allá de todos los Ahoras
Vuestras vidas se mantendrán en duda;
Vosotros temeréis la noche;
Vosotros no tendréis ninguna seguridad
      de vuestras vidas;
Vosotros tendréis un corazon tembloroso:
Vosotros tendréis pesar de mente.

Antes de que el día fuera
Él es.

Proof

83321161R00041

Made in the USA
Columbia, SC
11 December 2017